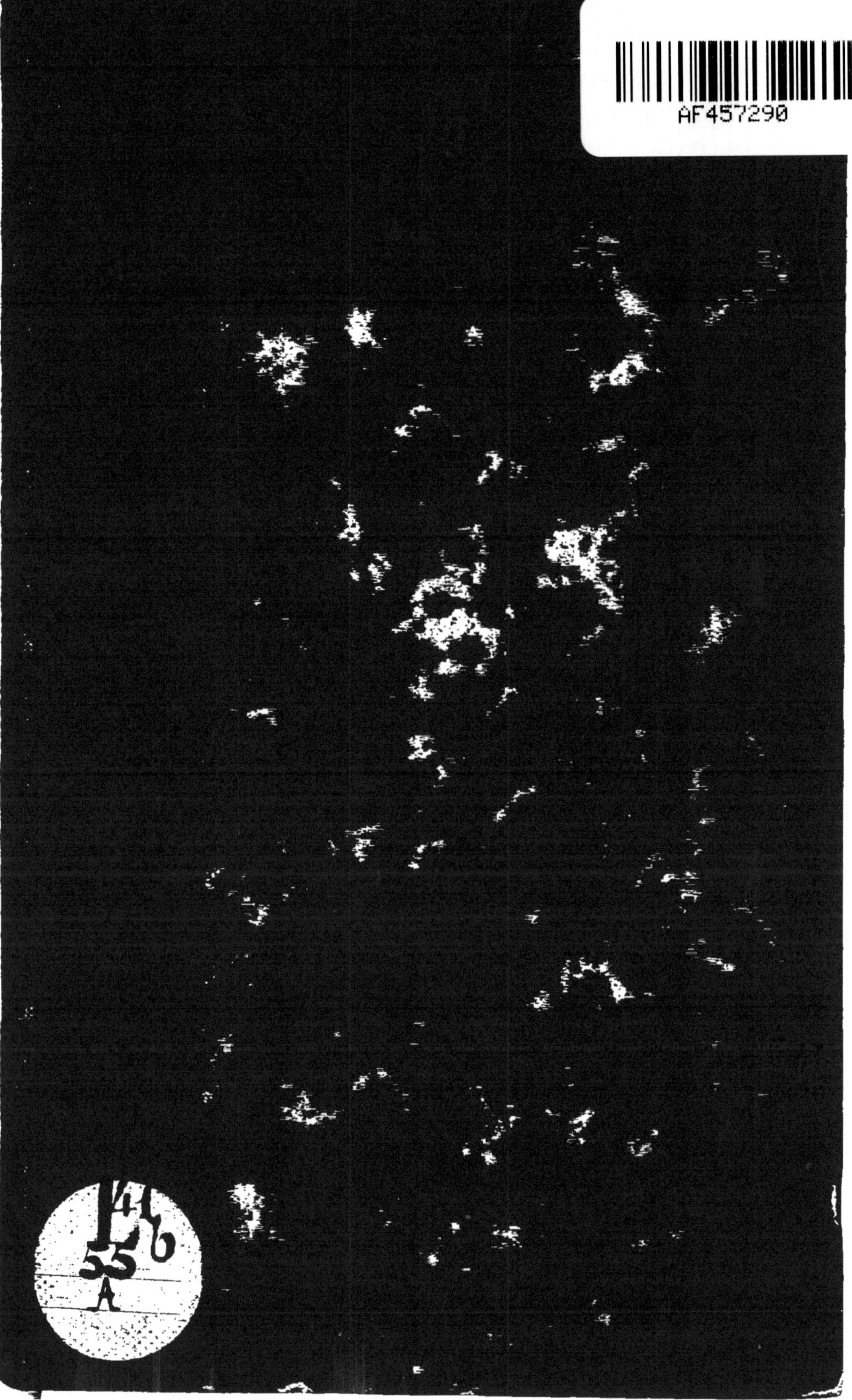

SOUVENIR

DE LA

TERREUR A LYON,

EN 1793.

Lyon.—Imp. de F. Dumoulin, rue Centrale, 20.

UN CHAPITRE DE PLUS

AU MÉRITE DES FEMMES.

SOUVENIR DE LA TERREUR

A Lyon, en 1793.

PAR

Maurice de L.

> ....., Quis talia fando
> Temperet à lacrymis !...
> VIRG. ENÉID.

DEUXIÈME ÉDITION.

LYON.

IMPRIMERIE DE F. DUMOULIN, LIBRAIRE,
rue Centrale, 20.

1852.

AVANT-PROPOS.

Legouvé, dans son poème sur le *Mérite des Femmes*, a célébré en vers simples et touchants les vertus de la plus belle moitié du genre humain. Il a chanté tour à tour les nobles et courageux instincts que l'on rencontre quelquefois chez un sexe naturellement faible et timide, et ces sentiments pleins de douceur et de charme à l'aide desquels les femmes savent si bien embellir les existences qui leur sont chères. Il nous a fait connaître la tendresse incomparable de l'amour maternel, le dévouement sans bornes de l'amour filial et les délicieuses et sublimes nuances de cet autre amour trop souvent profané, mais qui peut passer, quand il est pur, pour une des plus exquises facultés de l'âme, pour une émanation directe de la Divinité.

Aux femmes appartient à bon droit

le monopole du cœur et de la tendresse. Elles seules connaissent cette sollicitude inquiète et continuelle qui accompagne toujours les objets de leur affection. A elles cette sensibilité ingénieuse et touchante, qui sait si bien calmer les souffrances et centupler le bonheur. A elles cette abnégation complète qui ne se dément jamais, et qui les porte toujours à s'oublier elles-mêmes, quand il est question de l'intérêt ou seulement de la satisfaction des autres.

On est malheureusement obligé de reconnaître qu'il existe parmi les filles d'Ève une catégorie plus ou moins nombreuse à laquelle ne sont guère applicables les belles qualités que nous venons d'énumérer. C'est peut-être la faute de la pomme dorée qu'offrit l'esprit malin à notre belle aïeule. Fatale pomme, dont les pepins n'ont été que trop productifs! Peut-être aussi la Providence a-t-elle voulu que les imperfections de la seconde catégorie fissent briller d'un plus vif éclat les perfections de la première ? Heureux ceux qui peuvent compter dans celle-ci une mère, une compagne ou une sœur!

Le passage le plus remarquable du *Mérite des Femmes* est bien celui où Legouvé raconte en vers chaleureux l'héroïque dévouement filial de Mlle de Sombreuil, de cette jeune fille qui, pour sauver son père d'entre les mains des cannibales de la Révolution, consentit à boire un verre de sang.

Sans doute la conduite de Mlle de Sombreuil fut admirable, et il y avait de l'héroïsme à accomplir sans hésiter, un des actes les plus révoltants qui puissent s'offrir à la nature humaine; mais pour accomplir cet acte, dont nous sommes certainement bien loin de contester le mérite, il ne fallait qu'une forte résolution d'un instant ; il n'y avait pas de difficultés étrangères à vaincre, de grands périls à affronter ; il ne fallait pas, en un mot, cette longue et courageuse persistance dont peu de femmes sont susceptibles et où l'on voit même échouer beaucoup de caractères d'hommes.

Le trait que l'on va lire, quoiqu'il soit peu connu, n'en est pas moins intéressant, et on peut assurément lui donner une des premières places parmi les plus beaux dévouements que comptent les annales sanglantes de la Révolution française. Si Legouvé eût connu l'histoire de Mlle d'Ap.....

il l'eût sans doute mise à côté de celle de Mlle de Sombreuil. C'eût été deux tableaux bien dignes de figurer ensemble, après avoir été peints par l'habile pinceau du même maître.

SOUVENIR

DE LA

TERREUR A LYON,

EN 1793.

I.

Le crime abominable du 21 janvier était accompli. Le meilleur des hommes, le plus vertueux des rois venait de mourir sur l'échafaud, martyr de son amour pour son peuple, et assassiné par une faction d'affreux scélérats, en tête desquels marchait un prince du sang, prince traître et corrompu, et chef ambitieux d'une race impure et dégénérée.

Le parricide était consommé ; le sang du juste criait vengeance, et la colère divine étendait sa terrible main sur la France en déchaînant sur elle une longue et sanglante tempête.

Nulle part, dit un respectable contemporain, la nouvelle de la mort du roi ne causa plus de stupeur et d'effroi que dans la ville de Lyon. Un silence inaccoutumé régnait dans les rues. L'ami passait à côté de son ami sans l'aborder, sans prendre sa main, sans lui adresser une parole. Des yeux gros de larmes, la pâleur du visage, expliquaient cette froideur, et beaucoup n'apprenaient la triste fin du grand procès que par l'impression de douleur qu'ils remarquaient sur la figure de ceux qu'ils rencontraient çà et là. Chacun, en ce jour, oublia ses propres douleurs et ses inquiétudes, pour ne s'occuper que du forfait qui venait de se commettre. Le lendemain, il fallait se renfermer dans le fond de son appartement, pour ne pas entendre les hurleurs publics annoncer et distribuer pour un sou la relation de la mort *du tyran.*

Quand un roi gémit, a dit un auteur au sujet de la mort de Charles Ier, sa plainte retentit jusqu'aux dernières limites de ses états. Mais quand un roi meurt sur la place publique de sa capitale, assassiné par une infâme faction, au milieu de ses sujets témoins impuissants de ce crime, il est bien difficile que de sanglantes funérailles ne lui soient faites jusque dans les parties les plus reculées de son empire; et si ce prince était ami du bien, s'il avait à cœur de faire régner avec lui la justice, sa mort n'annonce-t-elle pas qu'une large communication a été établie entre l'enfer et le séjour de l'homme, que c'en est fait pour longtemps de la paix, et que la vertu devenant un titre de proscription, le triomphe de tout ce qu'il y a de plus abject et de plus exécrable est arrivé?

Cette pensée si juste ne fut, hélas, que trop justifiée; la faction inique qui pesait déjà sur Lyon par le poids de mille infamies, enhardie par la mort tragique de Louis XVI, devint plus audacieuse et plus cruelle, et se livra à de tels excès, que tous les honnêtes gens réunirent leurs efforts et vinrent à bout, après de sanglants assauts plusieurs fois répétés, de mettre à néant l'odieuse tyrannie de leurs persécuteurs.

La convention furieuse de voir ses suppôts vaincus, et craignant de voir lui échapper le sang et la fortune de tant de victimes déjà comptées, fulmina les plus violents décrets contre la ville rebelle, et se hâta de la faire investir par une nombreuse armée.

Il faudrait la plume d'Homère pour raconter dignement les prodiges qu'enfanta le courage héroïque des Lyonnais, pendant cette incomparable défense de l'honneur poussé jusqu'aux dernières limites du désespoir !

Quel malheur, que dans ces temps maudits, Français et Français luttassent ensemble ! Toute autre armée qu'une armée française, ne fût jamais venue à bout, quelles que fussent ses forces, d'entrer dans une ville aussi vaillamment défendue !

Le siége de Lyon, poussé avec fureur par Dubois-Crancé, se termina enfin par l'entrée des troupes républicaines dans ses murs. La force avait écrasé l'héroïsme, la malheureuse ville était au pouvoir de ses ennemis.

Lorsque les tigres de la Convention s'en virent les maîtres, ils se hâtèrent d'y faire régner la terreur. Des tribunaux furent établis, les cachots se remplirent, et toutes les classes de la population lyonnaise furent mises en coupes réglées. La guillotine et la fusillade étaient en permanence. Personne n'avait la certitude de ne pas périr par la mitraille ou l'échafaud ; pour être assuré contre la mort, il fallait être soldat, juge ou bourreau. Peu de familles échappaient au sanglant tribut. Tous ceux qui n'avaient pu fuir, étaient arrêtés, jugés, condamnés et exécutés dans le plus court délai.

Ce fut alors que quelques âmes héroïques firent d'incroyables efforts pour arracher au triangle fatal des existences chéries. Beaucoup de ces dévouements admirables furent malheureusement inutiles ; quelques autres, mais, hélas ! en petit nombre, furent couronnés de succès ; il en est peu qui offrent plus d'intérêt que celui dont on va lire l'histoire.

M. le comte d'Ap....., qui habitait alternativement l'Ardèche et la Haute-Loire, était venu, avant le siége, se réfugier à Lyon pour fuir les persécutions des patriotes du Puy qui en voulaient à sa vie. Il espérait vivre inaperçu dans une grande ville qui, du reste, passait alors pour une des plus hostiles au mouvement révolutionnaire. Son fils, fort jeune encore, et page de l'infortuné Louis XVI, avait émigré en compagnie de quelques parents et de quelques amis. Il eût peut-être émigré lui-même; mais abandonner sa femme et sa fille dans un pareil moment, lui fut chose impossible. Arrivèrent les événements du siége; il en supporta avec résignation les privations et les angoisses; il paya sa part de dévouement et de courage à la cause commune, et lorsqu'arriva le jour fatal de la défaite, sa famille le cacha, espérant le soustraire à l'inquisition des Jacobins. Quelque temps se passa sans qu'il fût découvert, enfin, il fut trahi, dénoncé et arrêté.

Peu de temps avant le siége, une femme d'un certain âge, et de l'extérieur le plus respectable, s'était présentée, munie de fausses recommandations que l'on croyait très-authentiques, dans la famille d'Ap..... qui l'accueillit avec empressement. Elle se disait religieuse Carmélite, appartenant à une maison du nord de la France. Sa communauté avait été détruite, ses compagnes dispersées ou arrêtées. Craignant le sort de ces dernières dans un pays où elle était connue, elle avait fui, et s'était dirigée sur Lyon, ville charitable où elle espérait trouver un asile et du pain.

S'étant procuré, on ne sait comment, des renseignements circonstanciés et très-exacts sur des familles connues, de la province d'où elle se disait originaire, elle donnait des détails particuliers et vraiment surprenants, montrait des lettres où on lui témoignait le plus grand intérêt; bref, tout semblait empreint chez elle de la plus complète vérité. D'ailleurs, comment dans ces temps malheureux, pouvoir aller aux informations, alors que tout était bouleversé dans les familles la plupart en fuite, et le secret des lettres continuellement violé?

On reçut donc la pauvre religieuse le mieux possible, et bien loin d'avoir à son égard la moindre suspicion, on la comblait de marques de respect et de sympathie, l'admettant dans la plus complète intimité, et l'initiant dans les secrets les plus importants, d'où dépendaient souvent la vie et la fortune de ceux qui s'y trouvaient intéressés.

Comment eût-on pu agir autrement, avec un ange de piété et de douceur, dont toutes les paroles et toutes les actions respiraient les plus touchantes vertus! Royaliste exaltée, elle versait des torrents de larmes sur les malheurs des Bourbons, et pendant tout le temps du siége, personne ne montrait plus de dévouement et de cœur.

Plusieurs mois s'étaient écoulés, et l'on n'avait pas eu l'ombre d'un reproche à faire à la Carmélite qui, du matin au soir, était en prières, et semblait ne s'occuper des choses du monde que lorsqu'elle en était priée. Cependant, le siége terminé et les Sans-Culottes maîtres de la ville, les arrestations s'étaient multipliées d'une manière effrayante, et tout ce qui appartenait à la société ou aux connaissances de la famille d'Ap..... avait été incarcéré. Les interrogatoires avaient fait connaître, peu de temps après, les détails les plus secrets et les plus intimes sur les personnes citées au tribunal révolutionnaire, qui avaient appartenu au cercle de relations parmi lesquelles avait été admise la religieuse étrangère. L'épouvante succédait à l'étonnement, et quelques soupçons commençaient à planer sur elle; mais comme il n'y avait aucune certitude, on gardait le silence, et l'on se contentait d'user d'un peu plus de circonspection.

M. le comte d'Ap....., toujours confiné dans sa retraite, n'avait pas été inquiété. La malheureuse et vile créature qui avait si indignement trompé la famille charitable qui l'avait comblée de soins, n'avait encore rien tenté ouvertement contre elle;

comme le loup, elle avait épargné, pour ne pas donner de soupçons, les brebis qui environnaient son repaire.

Cependant, vint un jour où il n'y avait plus de mal à faire; ce jour là, la fausse religieuse disparut tout-à-coup, et jamais on ne put retrouver ses traces.

Le lendemain, les Sans-Culottes prévenus par leur infâme complice, venaient surprendre le comte d'Ap..... dans son refuge.

Dépeindre le désespoir de sa famille serait impossible : on avait déjà vu disparaître des centaines de parents et d'amis sous la hache sanglante; de la prison à l'échafaud il n'y avait qu'un pas. A la vue des gendarmes, Mlle d'Ap..... qui aimait son père avec toute la puissance d'une âme de feu, l'avait entouré de ses bras. Elle essayait de le soustraire aux mains des sbires; elle voulait lui faire un rempart de son corps ; mais que pouvaient les efforts d'une faible jeune fille de vingt ans? Le funeste cortége se mit en marche et se dirigea vers la prison.

Mlle d'Ap..... avait fortement saisi son père par le bras, et elle jurait avec une énergie effrayante qu'on ne l'en séparerait jamais. On venait d'arriver à la maison d'arrêt de St-Joseph. Là, une scène bien touchante allait avoir lieu. La jeune fille avait enlacé de ses bras le cou de son père, qui tâchait de donner à la pauvre enfant une confiance et un espoir qu'il n'avait pas lui-même, et faisait tous ses efforts pour la persuader de renoncer au projet qu'elle avait de le suivre en prison. Ses sollicitations, ses larmes, l'ordre même que lui donna son père de le quitter, tout fut inutile.

Les gendarmes s'impatientaient d'attendre : ils trouvaient les adieux bien longs, et pour couper court à toutes les observations, ils saisirent Mlle d'Ap..... par le milieu du corps, et voulurent la séparer de son père ; mais leurs efforts réitérés furent impuissants, le désespoir avait quadruplé ses forces, ses étreintes convulsives résistaient à plusieurs bras réunis, elle semblait ne faire qu'un avec celui qu'elle aimait plus que la vie. Les coups, les mauvais traitements ne furent pas épargnés, rien ne put vaincre cette volonté de fer ; la jeune fille voulait suivre la destinée de son père, elle voulait vivre ou mourir avec lui; l'amour filial avait vaincu, les portes s'ouvrirent, ils entrèrent ensemble.....

Un instant après, ils étaient introduits dans une salle triste et froide, où pénétrait un jour sombre à travers d'étroites fenêtres garnies de barreaux de fer. Là, étaient entassés des malheureux de tous les âges et de toutes les conditions, qui attendaient en tremblant l'heure fatale où le geôlier, une liste à la main, venait faire l'appel des victimes. Ceux dont les noms étaient prononcés se jetaient dans les bras de leurs amis ou de leurs proches, et leur faisaient leurs derniers adieux. Ils allaient comparaître devant des juges iniques qui condamnaient toujours, et porter le lendemain leurs têtes sous le fer sanglant du bourreau. Lorsque le bruit des verroux se faisait entendre, lorsque les triples serrures rendaient leur grincement lugubre, on éprouvait un tressaillement général. On ignorait encore si c'étaient de nouveaux malheureux que l'on amenait, ou si l'on venait dans le bercail de la mort choisir des victimes pour le sacrifice.

La porte venait de s'ouvrir devant M. le comte d'Ap..... et sa fille. Les habitants de ce lieu de désolation s'empressèrent autour de leurs nouveaux compagnons d'infortune. C'était toujours un intéressant épisode, et le seul événement qui fît un peu diversion à la commune tristesse, que l'introduction des nouveaux arrivés. On les entourait, on les accablait de questions, on leur demandait de toutes parts les nouvelles du dehors, on s'informait avec avidité s'il n'y avait pas quelque espoir de délivrance ou de pardon..... Le père et la fille subirent l'interrogatoire ordinaire.

Après les nombreuses questions, vinrent les marques d'intérêt qui leur étaient données par tous les prisonniers. Chacun venait offrir ses services, chacun voulait être utile. Quoiqu'on ne se fût jamais connu, quoiqu'on fût complètement étranger l'un à l'autre, on se traitait au premier abord comme des frères ; la similitude de position, la communauté de souffrances rendaient inutile tout préambule cérémonieux : il n'y a rien qui rapproche les hommes comme le malheur. Enfin, le calme qui avait été troublé un instant se rétablit peu à peu. M. et Mlle d'Ap..... purent reconnaître quelques amis qui, déjà depuis plusieurs jours, gémissaient dans une continuelle agonie. Ils se groupèrent dans un coin de la prison, et là ils se livrèrent aux épanchements de la douleur et de l'amitié, jusqu'au moment où les approches de la nuit les firent songer à prendre quelques dispositions pour pouvoir goûter un peu de repos.

M. et Mlle d'Ap..... avaient été arrêtés si à l'improviste, qu'il leur avait été impossible de se pourvoir des choses les plus indispensables. Ils n'avaient point de manteaux, et cependant le froid se faisait vivement sentir. Ils s'établirent comme ils purent auprès de leurs amis qui partagèrent avec eux leur maigre souper, leur paille et leurs couvertures, puis le silence devint général; on n'entendit plus que quelques paroles prononcées à voix basse et qui s'adressaient à Dieu.

M. le comte d'Ap..... s'était endormi avec la tranquillité que donne une bonne conscience; depuis une heure il sommeillait paisiblement. Sa fille était à côté, dans l'attitude d'une personne endormie; mais son âme énergique ne sommeillait pas. Depuis que le calme et l'obscurité régnaient dans la prison, et que rien ne pouvait plus interrompre ses pensées, elle réfléchissait avec terreur sur le sort affreux qui menaçait son père, elle voyait qu'il lui était impossible de l'arracher à la mort. Son imagination exaltée la livrant au désespoir, évoquait devant elle l'image sanglante de l'échafaud, et faisait passer et repasser devant ses yeux d'horribles visions de cadavres sans têtes.

Elle fut plusieurs fois sur le point de pousser des cris de frayeur, mais elle parvint à se contenir. Une seule parole qui eût frappé son oreille, aurait suffi pour faire évanouir toute cette épouvantable fantasmagorie, mais elle ne voulait pas troubler le repos de celui qui causait toutes ses alarmes. Il dormait, il était heureux; pour rien au monde elle n'eût voulu l'éveiller : une fièvre ardente la dévorait, elle souffrait horriblement. Tout-à-coup, il lui vint une idée, une de ces idées que le ciel envoie. Depuis longtemps, elle portait toujours sur elle une petite statue de la Vierge en ivoire. C'était un saint religieux qui la lui avait donnée avant la Révolution; elle était alors tout enfant, et le bon père lui avait recommandé d'avoir beaucoup de confiance en Marie, et d'avoir recours à son assistance toutes les fois qu'elle se trouverait dans des circonstances fâcheuses. Depuis lors, elle n'avait jamais manqué de lui adresser tous les jours une prière; mais dans l'affreuse position où elle se trouvait, c'était surtout le cas d'avoir recours à sa sainte protectrice. Elle se leva sans bruit, de dessus la paille où elle était accroupie, et, se mettant à genoux, elle prit dans ses mains l'image révérée de la Mère des douleurs, et lui adressa de ferventes prières avec la foi la plus vive, la confiance la plus complète; elle lui demanda de sauver son père de l'échafaud, et lui promit, si elle était exaucée, de lui rendre des actions de grâce tous les jours de sa vie.

A peine avait-elle commencé à prier, que les visions qui la tourmentaient disparurent; les plaies de son cœur furent adoucies par ce baume céleste que Dieu nous envoie par notre bon ange, lorsqu'accablés par les peines de la vie, nous demandons un soulagement à sa Mère bien-aimée. Elle pria longtemps, elle versa en silence d'abondantes larmes ; enfin, vaincue par le sommeil, elle s'endormit comme on le fait toujours à cet âge, même dans les circonstances les plus fâcheuses, et ne s'éveilla que lorsque les pâles rayons du soleil de novembre, pénétrant dans le sombre lieu, vinrent annoncer qu'on allait recommencer une triste journée

Elle tenait encore dans ses mains la petite madone d'ivoire, comme au moment où elle avait été surprise par le sommeil. La prière de la nuit avait exalté son âme ; sa confiance dans la Vierge l'avait remplie de force et de courage, elle se sentait capable de tout entreprendre, de tout braver; l'image de la mort ne l'effrayait plus, elle l'aurait subie sans crainte. M. le comte d'Ap..... ne dormait plus depuis longtemps; dès qu'il vit sa fille éveillée, il lui reprocha avec une insouciante gaîté son long sommeil, et il paraissait étonné de la voir si calme et si tranquille, elle qui s'était livrée la veille au paroxisme de la plus violente douleur.

La jeune fille s'excusa en rougissant sur les fatigues que lui avaient fait éprouver les événements de la soirée précédente, mais elle ne parla pas de ce qui lui était arrivé la nuit, et garda son secret.

Plusieurs jours se passèrent sans qu'aucun événement extraordinaire vînt en troubler la monotonie.

Les pauvres prisonniers employaient leur temps à causer tristement ensemble, et à voix basse, des accablantes douleurs du passé, des craintes et des espérances de l'avenir, mettant la plus grande prudence dans leurs discours et ne s'adressant qu'aux personnes qu'ils connaissaient d'une manière bien sûre, de peur d'être espionnés et trahis; car il n'était pas rare, dans ces temps d'infamie et de honte, de voir dans les prisons, de fausses victimes envoyées par les suppôts de la révolution, pour provoquer hypocritement parmi les détenus des confidences dangereuses, épier les larmes et les épanchements du cœur, pour en faire ensuite d'odieuses accusations qui suffisaient pour conduire à l'échafaud les êtres les plus vertueux et les plus inoffensifs, auxquels il eût été bien difficile de reprocher le moindre grief.

II.

Pendant certaines heures de la journée, il était permis aux prisonniers d'aller prendre un peu d'air et d'exercice dans une cour commune où chacun avait généralement l'habitude de se rendre, soit pour se distraire quelques instants, soit aussi pour pouvoir communiquer avec les personnes de sa connaissance qui habitaient les différentes parties de la prison.

M. et Mlle d'Ap....., suivant les usages reçus, avaient pris l'habitude de descendre dans la cour où ils trouvaient tous les jours plusieurs de leurs amis qui les avaient précédés dans cette sombre demeure.

En prison, comme aux eaux, et dans tous les lieux où l'on se trouve réunis temporairement en certain nombre, on s'examine curieusement les uns les autres, et il est bien difficile de pouvoir soustraire longtemps ses habitudes et son individualité aux mille petites investigations qui vous environnent de toutes parts et qui finissent par tout dépister et tout savoir. Les femmes surtout excellent dans ce genre d'enquêtes intimes auxquelles il est presque impossible d'échapper.

Le personnel de la maison de réclusion se composait d'éléments bien divers; on y voyait réunies et confondues toutes les classes de la société, depuis le haut jusqu'au bas de l'échelle.

Dès sa première promenade dans la cour commune, Mlle d'Ap..... avait remarqué un petit vieillard, à la figure vénérable et douce, dont la mise contrastait singulièrement avec son air et ses manières. Son costume était celui d'un ouvrier maçon : longue veste de bure, bonnet de laine grise et grand tablier de cuir. Il se promenait le plus souvent seul, l'air triste et pensif, causait rarement, et comme son grand âge, ou peut-être quelques infirmités ne lui permettaient pas un long exercice, il passait la majeure partie du temps de la promenade, assis sur une pierre dans l'angle le plus retiré de la cour.

L'âge avancé de cet homme, son air malheureux et souffrant, sa figure si respectable, et, faut-il le dire aussi, le mystère qui semblait régner dans toute sa personne, avaient singulièrement excité l'attention de la jeune fille qui, comme on le verra bientôt, avait un sérieux intérêt à voir se confirmer les soupçons qu'elle avait eus tout d'abord sur ce personnage. Mais avant de faire aucune tentative pour avoir le nœud de l'énigme, il fallait qu'elle fût à peu près sûre de son fait; elle redoubla donc d'attention à l'endroit du petit vieillard, et tout le temps des promenades elle ne le perdait pas de vue. Plusieurs fois, elle l'avait vu assis sur sa pierre accoutumée, les yeux fermés et l'air profondément recueilli, marmottant du bout des lèvres, et s'inclinant légèrement par intervalles. Une fois, elle l'avait surpris portant la main droite à son front, puis, comme s'il avait eu une distraction involontaire, remettre vivement sa main dans sa position ordinaire, regardant avec une sorte d'anxiété si quelqu'un l'avait vu accomplir ce mouvement insolite.

Cette fois, Mlle d'Ap..... était bien sûre de son fait; la première idée qu'elle avait eue était pleinement confirmée dans sa pensée. Le petit vieillard aux vêtements d'ouvrier, n'était autre qu'un prêtre déguisé.

Quelle précieuse découverte dans un moment pareil où l'on n'était quelquefois séparé de la mort que par quelques heures, et où les hommes de foi avaient la douleur d'aller paraître devant le souverain juge, sans avoir reçu le gage de la réconciliation! quelle heureuse rencontre pour elle et pour son père! Mais comment pouvoir en profiter sans compromettre le malheureux prisonnier qui n'eût pas vécu vingt-quatre heures, si les prêtrophobes du tribunal révolutionnaire avaient connu son existence? Comment, d'un autre côté, pouvoir entamer la question avec le soi-disant ouvrier, et le faire convenir de son identité? Tout cela formait pour Mlle d'Ap..... un réseau d'embarras bien difficile à résoudre; aussi, ne voulut-elle rien tenter ce jour là, et persuadée d'ailleurs que la nuit porterait conseil, et qu'elle aurait le temps d'implorer le secours de la Ste Vierge, elle renvoya au lendemain l'exécution de son projet auquel elle tenait d'une manière irrévocable.

Le jour suivant, la promenade ordinaire venait de commencer, et chaque groupe de prisonniers arrivait successivement dans la cour, lorsque Mlle d'Ap..... aperçut le petit vieillard qui se promenait à pas lents selon son habitude. Pendant la nuit, elle avait longuement prié et réfléchi; et prières et réflexions, bien loin de la détourner de son projet, n'avaient fait que la déterminer davantage. Elle était bien résolue d'aborder le vieux ouvrier, se mettant peu en peine de la manière dont elle pourrait s'y prendre, et persuadée d'avance que la Vierge et son bon ange lui inspireraient en temps opportun ce qu'il faudrait faire et dire. Elle n'avait rien communiqué de tout cela à son père de peur de lui donner de l'inquiétude, se réservant de ne l'en instruire que lorsque tout serait arrangé selon ses désirs. La jeune fille prit donc bravement son parti, et se rapprochant peu à peu de l'endroit où se promenait le petit homme au tablier de cuir, elle finit par l'aborder en lui disant :

— Citoyen, je me suis aperçue depuis plusieurs jours que vous êtes faible et souffrant, et je viens à vous pour vous demander s'il y aurait moyen de vous soulager et de vous être utile; mon père et moi le ferions de bon cœur.

— Citoyenne, répondit le vieillard d'un air ému, vous êtes bien bonne, et je suis bien reconnaissant, mais ma maladie est de celles qui ne se guérissent pas. 75 ans et la prison ! en voilà bien plus qu'il n'en faut pour enlever les forces à un pauvre homme comme moi.

— Hélas! citoyen, on voit bien que vous n'êtes plus jeune, et que de longs soucis ont passé sur votre tête blanche, mais au temps où nous sommes, à quoi sert la jeunesse? aujourd'hui on existe, le lendemain on n'est plus..... le temps n'est rien, c'est l'éternité qui est tout! —

En entendant ces paroles, le vieillard rougit légèrement et porta ses petits yeux gris et vifs sur le visage de la jeune fille avec une sorte d'inquiétude interrogative, semblant lui demander où elle voulait en venir.....

— Citoyen, poursuivit la jeune personne sans le moindre embarras, je suis la fille du ci-devant comte d'Ap..... Beaucoup de personnes nous connaissent ici; je vous dis cela pour que vous sachiez bien à qui vous avez affaire, parce que j'ai une prière à vous adresser.

— Une prière, à moi ! répondit le petit homme d'un air de plus en plus étonné. Eh, que puis-je pour vous, mademoi.... citoyenne, veux-je dire, que pouvez-vous attendre d'un pauvre vieux ouvrier?

— Ce que j'attends de vous, continua Mlle d'Ap..... en baissant de plus en plus la voix, c'est que vous vouliez bien m'entendre en confession, car vous êtes prêtre, et je vous demande la même faveur pour mon père qui peut paraître devant Dieu d'un jour à l'autre, et qui regardera comme le plus beau service que vous puissiez lui rendre, celui de votre ministère.

— Moi, prêtre! mais qui est-ce qui a pu vous dire... citoyenne, une pareille chose, dit le vieillard en pâlissant..., moi, prêtre! mais songez donc que si l'on se doutait...

si l'on savait... c'en serait fait de moi. Oh ! mon Dieu, quel malheur !

— Calmez-vous, dit la jeune fille d'un air tranquille, on pourrait s'apercevoir de votre trouble; calmez-vous, je vous en conjure, vous n'avez aucun danger à courir ; fiez-vous à moi, rien ne sera découvert. Personne ici ne connaît votre caractère, personne n'a pu me le révéler. La Providence seule a permis que je pénétrasse votre secret, et c'est elle sûrement qui m'a fait connaître ce que vous êtes. Dieu est bon et miséricordieux, il veut sans doute vous faire sauver ici bien des âmes. Cette circonstance, au lieu d'être un sujet de malheur, deviendra peut-être pour vous la plus belle des sauve-gardes, celle de la Providence qui vous conservera pour faire son œuvre, et vous faire acquérir à vous-même d'éternels mérites. —

En entendant ces dernières paroles, la figure du vieillard s'était subitement rassérénée. Il tourna ses yeux baignés de larmes sur Mlle d'Ap..... :

— Ma fille, lui dit-il, vous avez deviné juste; je suis prêtre, et je vois bien clairement que c'est la bonté divine qui vous a amenée près de moi. Désormais, je ne serai plus un instrument inutile, et dussé-je sacrifier une vie déjà bien longue, je la sacrifierai avec joie, ne fût-ce que pour sauver une seule âme. Votre nom m'est parfaitement connu, car nous sommes de la même province; je suis à votre disposition, non-seulement pour vous et votre père, mais encore pour tous vos amis. Prudence et courage, et Dieu nous bénira. J'ai besoin de me recueillir et de me reposer un instant; je vais m'asseoir sur ma pierre et dans une demi-heure, vous me trouverez à la place où vous me quittez maintenant. —

La conversation entre le vieux prêtre et la jeune fille avait été si prompte, et tout avait si bien tourné à l'avantage de cette dernière, qu'au moment où elle quitta son mystérieux interlocuteur, elle croyait rêver en voyant combien elle avait facilement réussi dans ses projets. Elle fut retrouver son père qu'elle prit à part sur-le-champ, et lui raconta rapidement ce qui venait de se passer. M. d'Ap..... fut pénétré de joie et de reconnaissance envers Dieu, en voyant le secours inattendu qui lui était envoyé du ciel; et pour pouvoir en profiter au plus tôt, il fut convenu que sa fille passerait la première, et qu'il irait trouver ensuite le respectable pasteur.

Mlle d'Ap..... se prépara le mieux qu'elle put au grand acte qu'elle allait accomplir, et au bout d'une demi-heure, elle reprit avec le vieillard en costume d'ouvrier sa promenade interrompue. Peu de moments après, elle recevait en échange de l'aveu de ses fautes, le précieux gage du pardon, et son père la remplaçait auprès du vieux prêtre pour jouir à son tour de la même faveur.

Quand l'heure de la retraite sonna, il y avait trois personnes bien heureuses dans cette fatale demeure : deux fervents chrétiens qui avaient humblement confessé leurs faiblesses, et le vénérable prêtre qui les avait réhabilités auprès de Dieu.

Mlle d'Ap..... s'empressa de faire part à plusieurs amis du bonheur inespéré qu'elle avait eu. Ils apprirent cette nouvelle avec la plus vive joie, et le lendemain, de nouveaux pénitents s'empressaient d'aller chercher auprès du vieux pasteur les consolations du salut. Peu de jours s'étaient écoulés, et tout ce qu'il y avait de bon et de religieux s'était incliné sous la bénédiction du bon prêtre. Tout se faisait en se promenant et en causant à voix basse d'un air simple et naturel, et les choses se passèrent avec tant de prudence et de sagesse, qu'on n'éveilla aucun soupçon, et que les ennemis ne se doutèrent jamais de rien.

Un mot maintenant sur le vieux prêtre :

C'était un curé de campagne du diocèse du Puy, qui, chassé de sa paroisse par les patriotes, et menacé plus tard de perdre la vie, s'était réfugié dans le Forez, chez une famille de cultivateurs qu'il connaissait, et qui lui donnait asile sous les apparences et le déguisement d'ouvrier maçon. Il partageait depuis assez longtemps le pain et les travaux de ses humbles amis, sans que sa position eût été découverte, lorsqu'après le siége de Lyon, il fut arrêté comme *suspect* avec le chef de la pauvre maison où il était caché.

Il y avait peu de temps qu'il était en prison, lorsqu'il fut rencontré et reconnu par Mlle d'Ap.....

A partir de ce moment, il devint l'apôtre des prisonniers, et si l'on veut bien nous permettre d'anticiper un peu sur les événements, nous ajouterons que par une permission spéciale de la Providence, il fut changé deux fois de prison et continua sous son déguisement l'exercice de son saint ministère.

En dernier lieu, il était à Roanne où il rendit d'immenses services, cette maison d'arrêt étant celle où se trouvaient les détenus les plus compromis.

Que de douleurs et de désespoirs adoucis ! que de larmes séchées ! que de cœurs consolés par le baume religieux, au milieu de ces fins tragiques et de ces affreuses séparations qui se renouvelaient tous les jours !

Nous terminerons ce chapitre par un touchant épisode qui eut lieu à différentes reprises, et qui témoigne bien de la sollicitude de Dieu pour le salut des âmes.

Lorsque les condamnés à mort sortaient de la prison pour aller subir leur triste sort sur la place des Terreaux, ils recevaient en passant sur le pont de Pierre une dernière absolution et les indulgences mortuaires qui leur étaient données par la main bénie du vieux prêtre, à travers les barreaux d'une petite fenêtre qui dominait la Saône. Prévenues et unies d'intention, ces pauvres victimes résignées élevaient leurs âmes vers Dieu, et courbaient toutes pieusement sous le suprême pardon leurs têtes innocentes qui allaient rouler dans quelques minutes sous le fer impitoyable de la révolution !

Que d'âmes privilégiées durent à la rencontre fortuite d'un bon vieillard et d'une jeune fille pieuse et dévouée le bonheur de recevoir à l'heure de la mort le gage de l'immortalité !

Par un prodige inoui de la bonté divine, le saint vétéran du sacerdoce continua sans être découvert, jusqu'à la fin de la terreur, son œuvre de miséricorde. Grâce à son grand âge, à son extérieur simple et rustique et à son pauvre déguisement, il fut oublié dans les prisons d'où il sortit sain et sauf après la chute de Robespierre.

III.

Nous avons laissé M. et Mlle d'Ap..... dans leur prison, pleins d'inquiétude sur le sort qui les attendait. Plusieurs jours s'étaient passés sans aucunes nouvelles, lorsqu'un matin, un peu avant dix heures, le bruit des verroux annonça l'arrivée du geôlier. La porte s'ouvrit, et ce dernier, une liste à la main, prononça les noms de plusieurs prisonniers cités devant le tribunal révolutionnaire.

Parmi ces noms se trouvait celui de M. le comte d'Ap..... qui se recommanda pieusement à Dieu et se disposa à suivre les gendarmes. En ce moment, une explosion de sanglots se fit entendre. C'étaient les derniers adieux d'êtres tendrement unis, et qui ne devaient plus se revoir.

Mlle d'Ap....., dès le premier moment, s'était fortement cramponnée au bras de son père, son cœur battait à rompre sa poitrine, elle tremblait qu'on ne voulût l'empêcher de le suivre, et elle était disposée à se laisser hacher plutôt que d'être séparée de lui. Heureusement, quoique son nom ne fût pas sur la liste, on ne lui fit aucune difficulté. L'ordre du départ fut donné et l'on se mit en marche. Quelques moments après, on arrivait à l'Hôtel-de-Ville, où se tenaient les séances du tribunal sanguinaire.

Toutes les prisons avaient fourni leur contingent, et il y avait un grand nombre de malheureux qui, gardés par un fort piquet de troupes, attendaient dans une grande salle leur tour de comparution devant les juges. M. le comte d'Ap..... s'était assis sur un banc dans un des coins les plus reculés de l'appartement. Sa fille était près de lui, pâle et tremblante, les yeux hagards. Chaque fois que la voix rauque de l'huissier venait prononcer un nom, elle cachait son visage dans ses mains, de peur que ce ne fût le moment fatal.

On ne peut rien se figurer de plus effrayant que ce qui se passait dans ce fatal entrepôt de la guillotine. C'était une horrible et lente agonie calculée par les monstres qui ensanglantaient la France. C'était un affreux concert de gémissements étouffés, de cris déchirants de femmes, de sanglots convulsifs, d'imprécations et de prières. La douleur muette n'était pas moins affreuse. Partout où l'on portait ses regards, on ne voyait que des figures livides et contractées; quelques-unes avaient l'expression d'une pieuse et douloureuse résignation; d'autres, celle de la fureur et du désespoir.

Quelques hommes, jeunes et vigoureux, qui regrettaient la vie, et qui ne voyaient qu'une nuit entre eux et l'éternité, fermaient les poings avec rage, leurs lèvres écumaient, leurs yeux lançaient des éclairs. Jeunesse, beauté, richesse, avenir, tout allait s'anéantir le lendemain.....

Avant d'entrer dans la salle où était le tribunal, on était soigneusement fouillé par un gardien qui s'assurait que l'on ne portait point d'instrument offensif. Une longue table couverte d'un tapis vert, était placée près de la cheminée. Autour de cette table, et tournant le dos à la cheminée, les juges étaient assis au nombre de cinq. Au milieu d'eux était le président, homme à la taille haute, à l'œil farouche. Tous étaient vêtus d'un habit bleu, coiffés d'un chapeau militaire surmonté d'un panache rouge; une petite hache, emblême de leurs horribles fonctions, était suspendue à leur cou par un ruban tricolore. De l'autre côté de la table, était un escabeau sur lequel le prisonnier devait s'asseoir, et à un pas de distance, un rang de soldats portant l'arme au bras, formait un demi-cercle derrière lui. L'interrogatoire était court: — Assieds-toi. — Comment t'appelles-tu? — Quelle est ta profession? — Qu'as-tu fait pendant le siége?

On dit que les questions faites, les juges se regardaient et exprimaient leur opinion, en étendant la main sur la table pour désigner l'élargissement ou le renvoi à un plus ample informé ; en portant la main au front pour condamner à la fusillade ; en touchant la hache pendue au cou pour indiquer la mort par le supplice de la guillotine........

Après ces promptes formalités, un garde vous frappait sur l'épaule en vous disant : suis-moi ; on se levait, et l'âme bouleversée, on allait à la vie ou à la mort, suivant le caprice des brutes souvent remplies de vin, qui venaient de prononcer sur votre sort.....

Quoique les féroces brigands qui se paraient du titre de juges, fussent fort expéditifs dans leur sanglante parodie de la justice, la soirée était déjà très-avancée, et cependant un grand nombre d'accusés n'avaient point été appelés. La séance venait d'être levée, la boucherie du lendemain était suffisamment pourvue.

Les gendarmes s'emparèrent des prisonniers et les conduisirent successivement dans les différentes maisons d'arrêt qu'ils devaient occuper. M. le comte d'Ap..... qui se trouvait dans le nombre de ceux que l'on avait réservés pour un autre jour, s'imaginait qu'on allait le conduire dans la prison d'où il était venu le matin ; il se trompait. En sortant de l'Hôtel-de-Ville, on lui fit passer le pont de Pierre et on se dirigea vers la prison de Roanne.

Mlle d'Ap.... était toujours suspendue au bras de son père, mais sans aucune méfiance. Puisque l'on n'avait fait le matin aucune difficulté pour la laisser sortir, il n'était pas probable que l'on en fît le soir pour la laisser entrer ; aussi, suivait-elle avec confiance. Mais au moment où M. le comte d'Ap..... baissait la tête pour passer sous la poterne de la prison, et où sa fille se disposait à en faire autant, un gendarme la poussa avec violenee, la fit tomber à la renverse sur le pavé, et referma la porte. La jeune fille poussa un cri déchirant et s'évanouit........

Quelques instant après, elle revenait à la vie. Les monstres à figures d'hommes qui gardaient la porte ne lui avaient donné aucun secours; seulement, comme elle gênait la circulation, on l'avait poussée dans un coin de la rue, et c'est là qu'elle reprit ses sens, ne pouvant pas bien encore se rendre raison de ce qui venait de lui arriver. Elle avait été horriblement bouleversée par sa dangereuse chute; sa tête avait rudement frappé sur la pierre, une vive douleur avait ébranlé son cerveau. Peu à peu ses idées lui revinrent et lui firent voir l'affreuse réalité de sa position. Elle était séparée de son père, peut-être pour toujours; cette triste pensée absorbait toutes ses facultés ; elle fondait en larmes, et ne songeait déjà plus à l'accident qui venait de lui arriver. Qu'était pour elle la douleur physique ? moins que rien....... Sa désespérante douleur, c'était la séparation cruelle qu'il lui fallait subir ! Elle essaya de se lever ; ses jambes tremblaient. Elle eut à peine la force de faire quelques pas pour aller se jeter aux pieds du commandant du poste et le supplier de la laisser entrer dans la prison. Les sanglots s'échappaient avec force de sa poitrine ; elle était à genoux, les mains jointes, les cheveux en désordre. Sa figure douce et gracieuse, altérée par la douleur et le désespoir, avait l'expression de la supplication la plus touchante. Un tigre, une bête farouche eussent été attendris, un sans-culotte ne devait pas l'être.

A peine la jeune fille avait-elle commencé sa supplique, qu'un gendarme la saisissant rudement par le bras, lui dit : « Marche; puisque tu veux de la prison, « on t'en donnera. » En disant ces mots, il la poussait devant lui. Il n'y avait pas de résistance possible. Mlle d'Ap..... marchait toute chancelante, sans savoir où on la menait.

On lui fit traverser la ville et on s'arrêta enfin devant la porte *des Recluses*. Le gendarme qui la conduisait la laissa sous la garde d'un factionnaire, alla à la geôle et revint quelques instants après suivi d'un porte-clefs. Celui-ci examina d'un air sardonique la nouvelle arrivée, et lui faisant signe de le suivre : « Par ici, citoyenne, » dit-il d'une voix rauque et sinistre..... « tu « trembles..... n'aie donc pas peur, tu ne » seras pas seule; je vais te mener en bonne « compagnie. »

Mlle d'Ap..... était plus morte que vive,

elle tremblait comme une feuille. « Mais brave homme, dit-elle, où me conduisez-vous? » — « Qu'appelles-tu brave homme? reprend le républicain, il n'y a point de brave homme ici, il n'y a que des citoyens. Je te conduis où l'on m'a donné l'ordre de te conduire. » En disant ces mots, il ouvre une porte, prend la jeune fille par les épaules, la pousse en dedans, referme et s'en va.

L'appartement où Mlle d'Ap..... venait d'être introduite avec si peu de cérémonie, était sombre et triste. Il était tard, et le peu de jour qui régnait encore avait de la peine à pénétrer au travers de deux petites fenêtres grillées, ouvertes à la hauteur du plafond. Il lui fallut un moment, pour pouvoir distinguer quels pouvaient être ses compagnons de captivité. Quand elle fut un peu familiarisée avec l'obscurité du lieu, elle put enfin comprendre quelle était la singulière société qu'on lui avait choisie. Il ne lui fut pas difficile de voir avec quelles personnes elle se trouvait. Leur mise équivoque, leurs allures libres, leurs propos grossiers, lui firent comprendre bien vite qu'on voulait lui faire avaler jusqu'à la lie le calice d'opprobres et d'amertumes ; on venait de l'introduire dans la prison où l'on enfermait les femmes de mauvaise vie.....

O honte et malédiction ! ! ! Ces hommes infâmes, qui s'abreuvaient à longs traits du sang le plus pur de la France, n'étaient pas encore satisfaits ; il leur fallait des supplices pour l'âme, et ils ne rougissaient pas de jeter une jeune fille vertueuse et pure, au milieu d'une troupe de femmes perdues !

Mlle d'Ap..... était interdite et muette,

une sueur froide parcourait tout son corps; elle pensait à sa mère: quelles seraient sa douleur et son inquiétude, si elle la savait dans une pareille position? Qu'allait-elle devenir? Resterait-elle longtemps dans ce cloaque impur? Pendant ce temps-là, qu'arriverait-il à son père?...

Toutes ces idées s'entrechoquaient dans sa tête, elle était honteuse et désespérée: pas un visage ami, pas une bienveillante parole, pas une âme honnête dans laquelle elle pût épancher sa douleur. Elle se retira dans un coin de l'appartement, et là, cachant sa figure dans ses mains, elle pleurait amèrement et priait la sainte Vierge de venir à son aide.

Il n'y avait qu'un instant qu'elle avait commencé sa prière, lorsqu'elle se sentit prendre doucement par le bras. Elle tres-saillit et faisait déjà un mouvement brusque pour se soustraire à ce contact qui la dégoûtait, lorsqu'une voix douce et tremblante lui dit tout bas : « Pauvre enfant, n'ayez pas peur, je viens vous consoler, je suis malheureuse et isolée ici comme vous. Dès que je vous ai vue entrer, j'ai bien vite compris que vous n'apparteniez pas à la classe dégradée des femmes que l'on enferme dans cette prison ; mais j'ai voulu attendre un instant pour vous joindre, afin de ne pas trop éveiller l'attention des malheureuses qui nous entourent, et qui auraient pu vous poursuivre de leurs propos grossiers. Tranquillisez-vous, ne craignez rien, vous n'êtes plus seule maintenant, je ne vous quitterai pas... »

Un ange du ciel qui serait venu abriter la jeune prisonnière sous ses ailes, ne lui aurait pas occasionné une impression plus douce que celle qu'elle éprouva en entendant ces mots. Déjà toute rassurée, elle confia son nom et raconta brièvement son histoire à sa nouvelle compagne, qui, à son tour, lui raconta la sienne. C'était une pauvre religieuse âgée de près de 82 ans, vieux débris du cloître, où elle avait passé sa longue vie à implorer la miséricorde de Dieu pour les hommes, jusqu'au jour où, chassée de son couvent, elle avait erré d'asile en asile. Après la prise de Lyon, elle avait été arrêtée; depuis lors, elle était restée en prison, et elle attendait avec calme et résignation le moment où elle terminerait, par le martyre, une vie toute de vertus et de prières. Elle avait comparu plusieurs fois devant les juges qui, pour prolonger son agonie, la renvoyaient toujours à une autre séance. Il y avait deux jours qu'elle était au milieu de cet ignoble troupeau de prostituées : c'était un rayon de soleil dans un brouillard impur, c'était le ciel au milieu de l'enfer.

Mlle d'Ap..... sentit renaître dans son âme une douce confiance ; elle n'était plus abandonnée, elle avait trouvé une seconde mère. Que pouvait-il lui arriver de malheureux sous l'égide de la vénérable religieuse ? N'était-ce pas Dieu qui la lui avait envoyée ? Sa confiance dans la Vierge n'était-elle pas évidemment récompensée ? Ne le serait-elle pas encore davantage ? Son cœur semblait le lui dire.

Pendant ce temps la soirée s'était avancée ; elle suivit sa nouvelle amie dans le coin où était son grabat, et prit place sur la même paille ; après avoir prié ensemble, et s'être bien serrées l'une contre l'autre pour se garantir du froid, la jeune fille de vingt ans et la pauvre octogénaire s'endormirent du même sommeil.

Depuis longtemps, elles n'avaient passé une nuit aussi paisible : leur commune prière avait calmé leur esprit. Elles rêvèrent toutes deux, mais ce fut le bonheur. L'une était au crépuscule de sa vie, l'autre à l'aurore. La bonne vieille rêvait qu'elle allait au ciel, la jeune fille qu'elle sauvait son père ; toutes deux voyaient leurs désirs comblés.

Neuf heures venaient de sonner, lorsque le bruit des verroux se fit entendre ; la porte s'ouvrit et donna passage à plusieurs prostituées que l'on avait arrêtées pendant la nuit. A cette époque fatale, où la France était gouvernée par les hauts barons de la crapule et de la bazoche, ces singuliers réformateurs de la morale avaient rendu une ordonnance interdisant aux femmes de mauvaise vie de paraître dans les rues ou sur les places publiques ;

toutes celles que l'on y surprenait étaient arrêtées, déposées dans les corps-de-garde, et enfermées ensuite jusqu'à nouvel ordre dans une maison de détention. Quel était le but de ces singuliers législateurs ? Ils professaient ouvertement le dévergondage le plus effréné ; ils étaient la personnification vivante de toutes les passions mauvaises et de tous les vices. Agissaient-ils par hypocrisie ? En France, elle ne leur était pas possible ; leurs infâmes turpitudes étaient trop connues. C'était plutôt pour se donner à l'étranger, où la République était redoutée par le succès de ses armes, un faux vernis de rigidité antique. Ils faisaient sonner bien haut dans leurs bulletins l'excellence de leurs vertus, mais chacun savait là-dessus parfaitement à quoi s'en tenir.

Le nombre des femmes que l'on venait d'amener, faisait plus que compléter la quantité que pouvait raisonnablement contenir la prison; il y avait encombrement, et ce fut à cette circonstance que Mlle d'Ap..... et la vieille religieuse durent de quitter l'infâme repaire. On leur donna brusquement l'ordre de sortir, et certes, elles ne se firent pas prier pour suivre le geôlier, qui les conduisit dans une autre salle, où elles trouvèrent plusieurs personnes de leur connaissance. Mlle d'Ap..... y resta encore cinq ou six jours, horriblement tourmentée sur le compte de son père dont elle n'avait aucune nouvelle. Toutes les fois qu'il arrivait un nouveau prisonnier, elle se hâtait de demander le nom des personnes qui avaient péri sur l'échafaud, tremblant que son père ne fût du nombre; heureusement, il n'en était rien. Vers le sixième jour, Mme la comtesse d'Ap..... qui avait ignoré jusque-là ce qu'était devenue sa fille, parvint à la découvrir à force de recherches, et lui fit savoir que M. le comte d'Ap..... avait subi un interrogatoire, et que son jugement avait été différé jusqu'au moment où l'on recevrait des renseignements demandés sur son compte aux patriotes du Puy. La bonne nouvelle de ce sursis calma un peu les inquiétudes mortelles de Mlle d'Ap..... et augmenta son courage et son espoir.

Cet heureux événement fut suivi d'un autre; le lendemain, dans la matinée, on la conduisit à l'Hôtel-de-Ville, où elle subit un interrogatoire.

On la questionna beaucoup sur sa conduite pendant le siége; on espérait l'amener, par surprise, à faire quelques révélations qui pussent compromettre son père; mais cet odieux moyen n'eut aucun succès. La jeune fille ne perdit pas son sang-froid ; elle sut éluder avec adresse les piéges qu'on lui tendait, et comme on n'avait d'autre reproche à lui faire que son héroïque amour filial, on la mit sur-le-champ en liberté.

Dès que Mlle d'Ap..... se vit libre, elle vola dans les bras de sa mère. Toutes deux versèrent d'abondantes larmes, et parlèrent longuement de l'objet de toutes leurs angoisses. En même temps, quelques amis ayant appris le retour de Mlle d'Ap..... étaient venus la voir, s'informer des causes et des circonstances de son absence, et savoir des nouvelles du pauvre prisonnier. Elle leur raconta ce qui lui était arrivé, omettant toutefois les particularités qui pouvaient faire ressortir sa noble conduite ; ensuite, on tint conseil, et chacun cherchait à découvrir quelque moyen pour sauver, s'il était possible, ou du moins pour prolonger cette existence si chère. Mille projets furent proposés et rejetés tour à tour, et on finit par se séparer sans avoir rien décidé.

Cependant au moment de sortir, une des personnes qui se trouvaient là, avait pris à part Mlle d'Ap..... et lui avait confié un secret qui pouvait, entre bonnes mains, devenir une planche de salut ; la seule chose qu'on exigeât d'elle, c'était de ne jamais révéler de qui elle le tenait. La jeune fille le promit ; et après avoir songé toute la nuit à son important projet, le lendemain matin elle se mit en campagne.

Pour la réussite de son nouveau plan, il fallait qu'elle vît sans témoins, et le plus tôt possible, Brunières, l'un des juges du tribunal révolutionnaire, qui passait pour être moins cruel et moins sanguinaire que ses collègues. Elle avait des choses importantes à lui communiquer; mais il était bien difficile de parvenir jusqu'à lui. Les pourvoyeurs de la guillotine étaient inabordables et méfiants. L'ombre sanglante de Marat et de Saint-Fargeau les poursuivait toujours... Cependant le temps pressait, les renseignements du Puy pouvaient arriver d'un jour à l'autre, et il était certain qu'ils seraient *à l'encre rouge*; il fallait donc se hâter.

Mlle d'Ap..... se présenta plusieurs fois dans la matinée au logement de Brunières; mais on lui répondait toujours qu'il n'était pas visible. Elle avait beau prier, supplier, elle était inexorablement refusée, et son insistance qui avait été remarquée lui attira quelques mauvais traitements. Un garde plus impatient et plus brutal que les autres s'oublia jusqu'à lui donner sur les reins et les épaules des coups de crosse de fusil, qui lui causèrent de douloureuses contusions.

Enfin, repoussée pour la sixième fois, elle résolut d'attendre le juge dans la rue et de s'adresser directement à lui, lorsqu'il sortirait. La veille, elle l'avait vu pendant son interrogatoire ; d'ailleurs, il était facile de le reconnaître à sa haute taille et à sa bonne mine. Depuis plus d'une heure, Mlle d'Ap..... attendait à quelque distance de la maison, mais de manière à ne jamais perdre la porte de vue. Enfin, un moment avant midi, Brunières parut au milieu de plusieurs sans-culottes qui lui servaient d'escorte. Elle s'avança résolument vers lui, et prenant la parole :

— Citoyen juge, je suis venue plusieurs fois ce matin pour te parler d'une affaire importante qui te concerne personnellement ; on m'a toujours refusé ta porte, en me disant que tu n'étais pas visible. Tu n'es pas instruit de ce qui se passe, sans quoi tu ferais cesser un pareil abus. Ne faut-il pas que les magistrats du peuple soient accessibles à tous les citoyens quand il est question de l'intérêt de la République? Il me faut absolument une audience particulière, il faut que je te parle sans témoins.

Brunières et ses coupe-jarrets s'étaient arrêtés; ils considéraient la jeune fille avec un air de curiosité et étaient étonnés de voir tant d'énergie et de fermeté dans un corps aussi frêle. Le juge républicain ne paraissait pas vouloir prolonger plus longtemps la conversation, et pour se débarrasser plus promptement de la pauvre solliciteuse, il eut l'air d'abonder dans son sens :

— Citoyenne, lui dit-il, on a eu tort de te refuser ma porte; tu reviendras plus tard, et tu me diras tout ce que tu voudras; je ne peux m'arrêter ici, je suis attendu au tribunal, où mon devoir m'appelle. —

Mlle d'Ap..... n'était pas assez dupe pour se contenter de pareilles promesses; elle savait bien qu'on lui refuserait la porte toutes les fois qu'elle se présenterait.

Aussi, à peine Brunières eut-il fait un mouvement pour continuer son chemin, qu'elle le saisit fortement par la basque de son habit.

— Citoyen, je ne te lâcherai pas que tu ne m'aies donné par écrit un ordre et une heure d'introduction; je te répète qu'il est très-important que j'aie un entretien particulier avec toi, sans retard. —

Le républicain sourit, surpris d'une telle énergie. Il trouvait plaisant d'être arrêté au milieu de la rue par un obstacle si peu redoutable. Cependant il n'y avait pas moyen d'échapper, et il finit par prendre son parti de bonne grâce.

— Il paraît, citoyenne, que tu tiens fortement à tes volontés; il te faut donc absolument un ordre écrit? eh bien! tu l'auras... Et prenant dans sa poche un carnet, il en déchira une feuille sur laquelle il écrivit au crayon : *Laissez passer à trois heures la porteuse du présent.* Il data et signa ce passeport improvisé, et le remit à la jeune fille, qui le lut avant de lâcher prise. Le reconnaissant bien en règle, elle rendit la liberté à son prisonnier et s'éloigna.

A l'heure dite, elle était à cette porte qu'elle avait si vainement assiégée le matin; elle exhiba son ordre et fut introduite sur-le-champ auprès de Brunières qu'elle trouva seul dans son bureau et assis près d'une table encombrée de papiers.

C'était un homme de haute et belle taille, paraissant âgé d'environ quarante ans, et porteur d'une figure distinguée et ouverte. Son attitude décelait des habitudes militaires, et sa physionomie n'était point celle des scélérats parmi lesquels il se trouvait. Malgré l'air farouche et dur qu'il cherchait à se donner, on voyait chez lui une sorte de malaise et de sombre préoccupation qui dénotaient une conscience naturellement bonne, qui ne se livrait au crime qu'avec répugnance et dégoût. Il portait un grand habit bleu, serré à la taille par une ceinture rouge, un gilet à grands revers et de larges bottes à retroussis. A côté de lui était un guéridon où l'on voyait deux pistolets d'arçon sur lesquels était posé son chapeau à haute forme surmonté d'un panache rouge.

Au dossier de sa chaise, était suspendu par le ceinturon un grand sabre de cavalerie.

Brunières en voyant entrer la jeune personne, jeta sur elle un regard scrutateur, et lui désignant un siége : « Assieds-toi, Citoyenne, lui dit-il, et entrons en matière : mon temps est précieux ; que veux-tu de moi ? —

Mlle d'Ap..... était saisie d'une émotion vive, mais tout intérieure. Pendant ce préambule, elle demandait à Dieu de l'inspirer dans ses réponses.

— Citoyen, quelqu'un peut-il nous entendre ?

Sur un signe négatif de Brunières, elle reprit :

— Mon père est en prison..... Je sais qu'il doit être condamné à mort, et je viens te demander de le sauver.

Brunières laissa échapper un mouvement d'impatience.

— Je savais bien qu'il s'agissait de quelque doléance : tu aurais beaucoup mieux fait, citoyenne, de t'épargner des peines inutiles; je ne puis rien pour ton père qui est un ci-devant... C'est malheureux, mais il faut qu'il meure comme les autres.....

— Qu'il meure comme les autres! répliqua la jeune fille avec exaltation et d'une voix ferme; eh bien! s'il meurt, tu mourras aussi..... toi. Ce n'est point une grâce que je viens te demander, entends-tu bien? Non, ce sont des conditions que je viens te proposer; ta vie est entre mes mains, je vais te le prouver. Tu as indignement trompé la République; tu as de faux papiers, le nom que tu portes n'est pas le tien; je te connais; tu es gentilhomme, et de plus, tu as été l'un des gardes-du-corps du roi d'Espagne : j'en ai des preuves écrites, et si tu es dénoncé, dans les 24 heures tu monteras sur l'échafaud. Vois maintenant si tu veux traiter avec moi..... —

Brunières, en entendant ces paroles, avait baissé la tête, il était foudroyé, anéanti; son visage s'était subitement couvert d'une pâleur livide. Tout-à-coup il se lève avec vivacité, et s'approchant de la jeune fille :

— Citoyenne, es-tu la seule qui sache mon secret?

— La seule! non vraîment, répondit celle-ci d'une voix calme; crois-tu donc que j'aurais eu l'imprudence de venir ainsi me livrer entre tes mains? Oh! non, je ne suis pas la seule, et si dans une heure je ne suis pas sortie saine et sauve de chez toi, ta tête en répondra. —

Le républicain avait éloigné sa chaise d'un violent coup de pied ; le sabre qui y était suspendu tomba avec fracas, et dans la chute la lame sortit du fourreau..... En voyant cette lame nue, Mlle d'Ap..... éprouva un saisissement de frayeur, mais ce ne fut qu'un éclair. Pendant ce temps-là, le juge révolutionnaire, en proie à une terrible agitation, se promenait à grands pas dans l'appartement; il prononçait des paroles entrecoupées, et avait peine à comprimer l'explosion de sa colère. Enfin, il s'arrêta, et se frappant fortement le front de son poing fermé, il dit d'une voix bassement accentuée :

— Encore, si tu me demandais une chose possible... mais comment veux-tu que je sauve ton père? Sais-tu qu'il y a de grands brigands parmi nous..... Ton père doit être condamné à mort demain matin.... Avant deux jours, il sera envoyé aux patriotes du Puy, qui ont demandé son exécution dans leur ville.....

Un frisson mortel parcourut M[ll] d'Ap.... de la tête aux pieds ; mais l'imminence du danger doublait son courage.

— Citoyen, répondit-elle, tu connais maintenant la valeur de l'enjeu, c'est à toi à gagner la partie ; c'est toi qui dois chercher les moyens de sauver mon père. Je te seconderai de tout mon pouvoir ; je suis disposée à tout entreprendre, je suis résolue à tout braver ; il me faut la vie de mon père, je la veux à tout prix. Si tu obtiens sa liberté, si tu parviens à me le rendre, je te jure que ton secret ne sera jamais connu ; je te jure en outre une reconnaissance éternelle. Chaque jour de ma vie je prierai Dieu pour toi...

Le juge révolutionnaire sourit à cette

dernière phrase, puis après un moment de réflexion :

— Citoyenne, pourrais-tu m'apporter dans un court délai une pétition signée de trente bons patriotes qui réclameraient ton père, c'est le seul moyen de le sauver.

Un éclair de joie venait d'illuminer l'âme de la jeune fille.

— Une pétition de trente patriotes ! oui, je te l'apporterai; mon père a habité longtemps le Vivarais, où il a des propriétés; il était aimé de tous, il a fait du bien à tous; si le peuple de la petite ville de V...... savait la position où il se trouve, je ne doute pas qu'il ne vînt le réclamer. Promets-moi d'obtenir un délai, jure-moi qu'avant mon retour on ne l'enverra pas au Puy; cette nuit je partirai pour V......, et au bout de deux jours et demi je m'engage à te rapporter la pétition.

—Alors, j'en fais mon affaire ; je te jure qu'avant ton retour, il ne partira pas : mais, prends garde au délai fixé. Si, à midi, le troisième jour, tu n'es pas ici avec la réclamation bien authentique, je ne réponds plus de rien.—

Les conditions venaient d'être acceptées de part et d'autre, Mlle d'Ap..... allait s'occuper de ses préparatifs de voyage. Avant de quitter Brunières, elle obtint de lui la permission écrite de voir son père, vola à la prison de Roanne, montra son ordre, fut introduite sans difficulté, et se jeta dans les bras de celui pour lequel elle mettait en jeu toutes les ressources de son âme héroïque. Ils se tinrent longtemps embrassés sans pouvoir prononcer une parole. Enfin, lorsqu'elle fut un peu remise de son émotion, elle lui raconta rapidement son projet de voyage à V......, et les promesses qu'on lui avait faites de le mettre en liberté si elle rapportait une réclamation de trente patriotes. M. le comte d'Ap..... avait tellement perdu tout espoir, qu'il prenait cela pour une fable. Il craignait que la tête exaltée de sa fille ne lui eût inspiré ce projet et qu'il n'y eût aucune chance de réussite. On était à la fin de novembre, le temps était mauvais, il fallait s'embarquer sur le Rhône débordé. Voyant pour sa fille un danger imminent, il ne voulait pas qu'elle exposât sa vie pour sauver la sienne; aussi lui fit-il la défense expresse de partir. Mlle d'Ap..... était désolée, il lui en coûtait de désobéir à son père, mais comment renoncer à une dernière planche de salut? son parti était pris, elle se sépare de lui à la hâte, en s'écriant: A revoir, bon courage! et sort de la prison.

Un quart-d'heure après, elle entrait en

négociation avec un batelier du Rhône, homme sûr et habile, qui, moyennant une bonne somme d'argent, s'engageait à la débarquer à T...... dans la soirée du lendemain ; le départ était fixé à une heure avant le jour.

IV.

Mad. la comtesse d'Ap..... ignorait complètement ce qui se passait; lorsque sa fille rentra, et lui rendit compte de ce qu'elle venait de faire, cette pauvre mère pouvait à peine en croire ses oreilles : elle s'imagina que sa fille avait perdu l'esprit. Celle-ci lui racontait avec enthousiasme la confiance qu'elle avait dans le succès de son entreprise.

— C'est la Sainte-Vierge, disait-elle, qui m'a inspirée, c'est elle qui est mon guide..... Ne me dites rien, ne vous opposez pas à mon projet, ce serait inutile; il y aurait mille morts à affronter, qu'elles ne m'arrêteraient pas.

A une pareille détermination, il n'y avait rien à objecter; aussi la malheureuse femme dut se résigner; elle serrait sa fille dans ses bras, elle l'admirait, mais son émotion ne lui permettait pas d'exprimer une seule parole. Que d'angoisses allaient l'accabler pendant ces deux jours! Son cœur était rempli de tristes prévisions: au lieu d'une victime, ne pourrait-il pas arriver qu'il y en eût deux!

La jeune fille se jeta sur un lit afin de prendre un peu de repos ; mais le sommeil vint à peine fermer un instant ses paupières. Bien avant le moment du départ, elle était debout. Après avoir pris des vêtements chauds, du pain et l'argent nécessaire pour le voyage, elle se rendit à l'heure convenue sur le bord du Rhône. Le marinier était à son poste, il aida Mlle d'Ap..... à descendre dans le bateau qui, une fois dégagé de ses amarres, suivit le cours impétueux du fleuve débordé.

Le temps était affreux; un vent violent soulevait de grosses vagues. L'embarcation était si petite qu'une troisième personne aurait eu de la peine à s'y placer, et les vagues la ballottaient tellement qu'il était à craindre qu'elle ne finît par être engloutie. Le marinier commençait à se repentir de s'être mis en route, et voulait aborder. Les objections qu'il faisait à la jeune fille sur l'imminence du danger, ne fléchirent en rien son courage, elle n'avait pas la moindre frayeur, et il ne put jamais lui persuader de s'arrêter. L'eau entrait souvent dans la barque, il fallait travailler sans cesse à la puiser.

Le jour parut bientôt. La violence de l'ouragan diminua, les lames devinrent moins furieuses et le danger moins grand. Cependant le vent soufflait toujours un peu et retardait leur marche; il fallait alors avoir recours aux rames, dans de certains endroits où le courant était moins fort. Mlle d'Ap..... ramait de temps en temps de toutes ses faibles forces afin de soulager un peu le brave marinier qui n'en pouvait plus. Ils continuèrent ainsi à manœuvrer tout le jour sans relâche; et après des fatigues et des dangers inouïs, ils abordèrent à T...... à la nuit close.

La jeune fille était épuisée; depuis le matin, elle était mouillée jusqu'aux os, et son pauvre corps était glacé. A peine eut-elle la force d'aller jusqu'à la maison où des amis de sa famille lui prodiguèrent les soins les plus affectueux; on s'empressa de faire sécher ses vêtements trempés, et, à l'aide d'un peu de nourriture et de quelques cordiaux, on ranima ses forces. Alors elle raconta à ses hôtes étonnés le but de son voyage, et les pria de lui procurer un cheval et un guide. Le lendemain, de grand matin, elle se mit en route pour V......, éloigné de cinq ou six lieues.

Il était dix heures quand Mlle d'Ap..... arriva dans cette petite ville. En y entrant, elle rencontra une bonne femme qui la reconnut et ne fut pas peu surprise de la voir. Elle s'empressa de lui demander ce qui se passait à V...... et apprit que le pays était assez tranquille, et que, depuis quelques instants, on venait de se réunir dans l'église, où se tenaient les séances de la commune.

La Providence, qui avait veillé sur Mlle d'Ap..... pendant son voyage, continuait bien évidemment de la protéger ; elle ne pouvait arriver dans un moment plus opportun. Aussi, à peine avait-elle eu le temps de réfléchir, qu'elle sauta à bas de son cheval et courut, en toute hâte, vers l'église privée de son Dieu. Les séances étant publiques, elle pénétra sans difficulté. On était dans le feu de la discussion. Elle écarte du coude tout ce qui la gêne sur son passage, se dirige vers la chaire, et en un clin d'œil en monte les degrés. Un mouvement de curiosité se manifeste subitement dans l'assemblée ; tout le monde est surpris de cette apparition ; cependant quelques-uns des assistants ont reconnu la jeune personne qui fait signe de la main qu'elle veut parler. Le silence succède bien vite au tumulte, et elle prend la parole en ces termes :

—Mes amis, mon père est à Lyon, dans

un cachot ; il est condamné à mort, mais 'ai la promesse d'obtenir sa grâce si je puis apporter demain, avant midi, une pétition signée de trente bons patriotes qui le réclament. Vous savez tous combien il vous aime, combien il aime son pays. Oh! je vous en conjure, par tout ce que vous avez de plus cher, sauvez-le, rendez-le moi! —

A peine avait-elle prononcé ces mots, qu'elle est suffoquée par l'émotion, et tombe évanouie.

Ah! comme elles furent éloquentes ces courtes paroles! Quelle touchante noblesse dans cette confiance et cette douleur! Aussi, comme elle fut bien comprise!

— Qu'il vienne! qu'il vienne! s'écrie-t-on de toutes parts. Oui, oui! nous réclamons le citoyen d'Ap....., c'est un bon citoyen ; que l'on rédige une pétition, nous la signerons tous !

Une seule voix criait :

— Non ! non ! qu'il meure, c'est un aristocrate !—

A peine ces mots sont-ils sortis de la poitrine du brigand sans pitié, que vingt mains l'ont saisi à la gorge ; on veut l'étrangler... il demande la vie...

— Oui, tu l'auras, lui répond-on, mais à condition que tu signeras comme les autres.—

La pétition est rédigée sur-le-champ, il signe le premier ; tout ce qui sait écrire son nom, lui succède ; plus de quatre-vingts signatures sont apposées au bas de l'acte libérateur.

Dès l'instant où Mlle d'Ap..... avait perdu connaissance, quelques femmes qui se trouvaient présentes s'étaient hâtées de lui porter secours. On l'emporta dans une maison voisine, où on lui prodigua, avec empressement, les soins nécessaires. Bientôt elle revint à la vie, et les premières paroles qu'on lui dit furent pour lui annoncer la réussite complète de sa demande. Cette bonne nouvelle acheva de la remettre. Quelques instants après, elle reçut la visite du maire, qui, protestant et franc républicain, n'en était pas moins partisan de M. le comte d'Ap....., qu'il aimait, et dont il savait apprécier le noble caractère. Il avait rédigé lui-même la pétition en termes très-pressants, et il l'apportait à Mlle d'Ap....., avec la légalisation et les formes voulues.

Il alla même jusqu'à lui proposer de l'accompagner à Lyon avec trois ou quatre des membres les plus influents de la commune, pour donner plus de poids à la réclamation générale. La jeune personne, profondément touchée de ces marques de dévouement pour son père, remercia avec effusion, tout en refusant cette offre généreuse. Elle craignait qu'une députation n'éveillât sur la route la susceptibilité de la police républicaine; de là, résulteraient peut-être des retards, dont le moindre pouvait être mortel. Une femme seule n'inspirait aucune méfiance; elle ne serait pas inquiétée, le maire ayant eu soin de lui délivrer une lettre de passe.

Après s'être reposée pendant deux heures, elle se mit en route, voyagea toute la soirée et toute la nuit suivante, changea deux fois de chevaux, et arriva enfin aux portes de Lyon un peu avant dix heures du matin. La nuit, elle avait éprouvé plusieurs fois d'horribles frayeurs: craignant d'être fouillée et dépouillée de son précieux titre, elle l'avait caché dans ses cheveux. Un peu avant d'arriver à Vienne, une patrouille de cavalerie l'avait arrêtée; mais après avoir montré sa lettre de passe à l'officier-commandant, elle avait pu continuer sa route; elle venait enfin d'atteindre le port après bien des tempêtes, et, faible femme, elle avait supporté courageusement des épreuves qui auraient fatigué même un homme robuste.

Ayant laissé son cheval hors des barrières, elle courut à l'Hôtel-de-Ville, où devait se trouver Brunières. Onze heures allaient sonner; elle demanda à le voir, pour lui remettre des dépêches. Le juge républicain ne se fit pas attendre ; il reconnut aussitôt Mlle d'Ap....., la loua sur son exactitude, prit la pétition, la lut attentivement, et la trouvant en règle, la soumit sur-le-champ au tribunal. Celui-ci connaissant déjà l'affaire par les soins de Brunières, prononça, séance tenante, la mise en liberté du citoyen d'Ap....., motivée sur la réclamation de quatre-vingts bons patriotes. Deux heures après, toutes les formalités étant remplies, et l'écrou levé, la jeune fille se précipitait dans les bras de son père... Après lui avoir sauvé la vie, elle venait le rendre elle-même à la liberté...

Comment dépeindre ce qui se passa dans l'âme de ce père, lorsque les portes du cachot s'ouvrirent, et qu'il vit apparaître l'ange libérateur tenant à la main le titre précieux qui venait l'arracher à une perte certaine?

Il faut avoir passé par une pareille épreuve, pour comprendre l'immensité de l'émotion que dut éprouver le prisonnier qui, d'un moment à l'autre, s'attendait à mourir, et qui depuis la veille, était sous la terrible impression de la victime condamnée comptant les heures et les minutes, et n'attendant plus que la venue du bourreau et le coup de la hache! Comment ne pas mourir de saisissement quand on se trouve dans une pareille situation, et que l'on voit luire tout-à-coup, à ses yeux le soleil de la vie et de la liberté!

Quelle joie aussi pour Mme la comtesse d'Ap..... lorsque, dans la même soirée, elle put serrer dans ses bras et le père et la fille!

La première action qu'ils firent tous les trois en se trouvant chez eux, fut de se jeter à genoux pour rendre grâce à Dieu qui venait de leur donner de si grandes marques de sa miséricordieuse protection, en douant une faible et timide enfant du courage surhumain qu'elle avait déployé dans ces périlleuses circonstances. Le reste de la nuit se passa dans les épanchements d'un bonheur inconnu depuis de longs jours, et que le besoin du repos ne pouvait pas interrompre, tant on était heureux de s'y livrer.

Le lendemain, Mlle d'Ap..... et son père furent trouver le juge républicain pour le remercier de l'immense service qu'il leur avait rendu; la visite fut bien autre qu'elle avait été quatre jours auparavant. Brunières les reçut avec l'aisance et la politesse d'un homme du monde et il félicita

M. le comte d'Ap..... en très-bons termes, et avec une certaine émotion, d'avoir une fille d'un aussi courageux et dévoué caractère. La jeune personne eut la prudence et la délicatesse de ne pas faire la moindre allusion à l'important secret qui avait été l'ancre de salut, et qu'elle n'avait même pas confié à son père.

Au moment de se retirer, Brunières dont la physionomie avait pris un indéfinissable caractère de tristesse inquiète, engagea ses visiteurs à quitter Lyon le plus tôt possible et à se réfugier en Vivarais, les tigres endormis pouvant se réveiller soudain plus cruels et plus inexorables. Deux jours après, ils partirent pour la petite ville de V......, y furent reçus en triomphe par ses bons habitants, et y restèrent jusqu'à la fin de la Terreur.

Plus tard, la jeune fille avait changé

ce titre contre celui d'épouse, et elle avait reporté sur ses nombreux enfants tout ce que son âme héroïque avait eu de dévouement et de sollicitude pour son père. C'était pour eux une bien douce récompense, lorsque, groupés autour d'elle, pendant les longues soirées d'hiver, elle leur racontait, les yeux baignés de larmes, son intéressante histoire. Ils étaient tous fiers d'avoir une pareille mère; et c'est pour l'un d'eux un véritable bonheur d'avoir à le dire aujourd'hui.

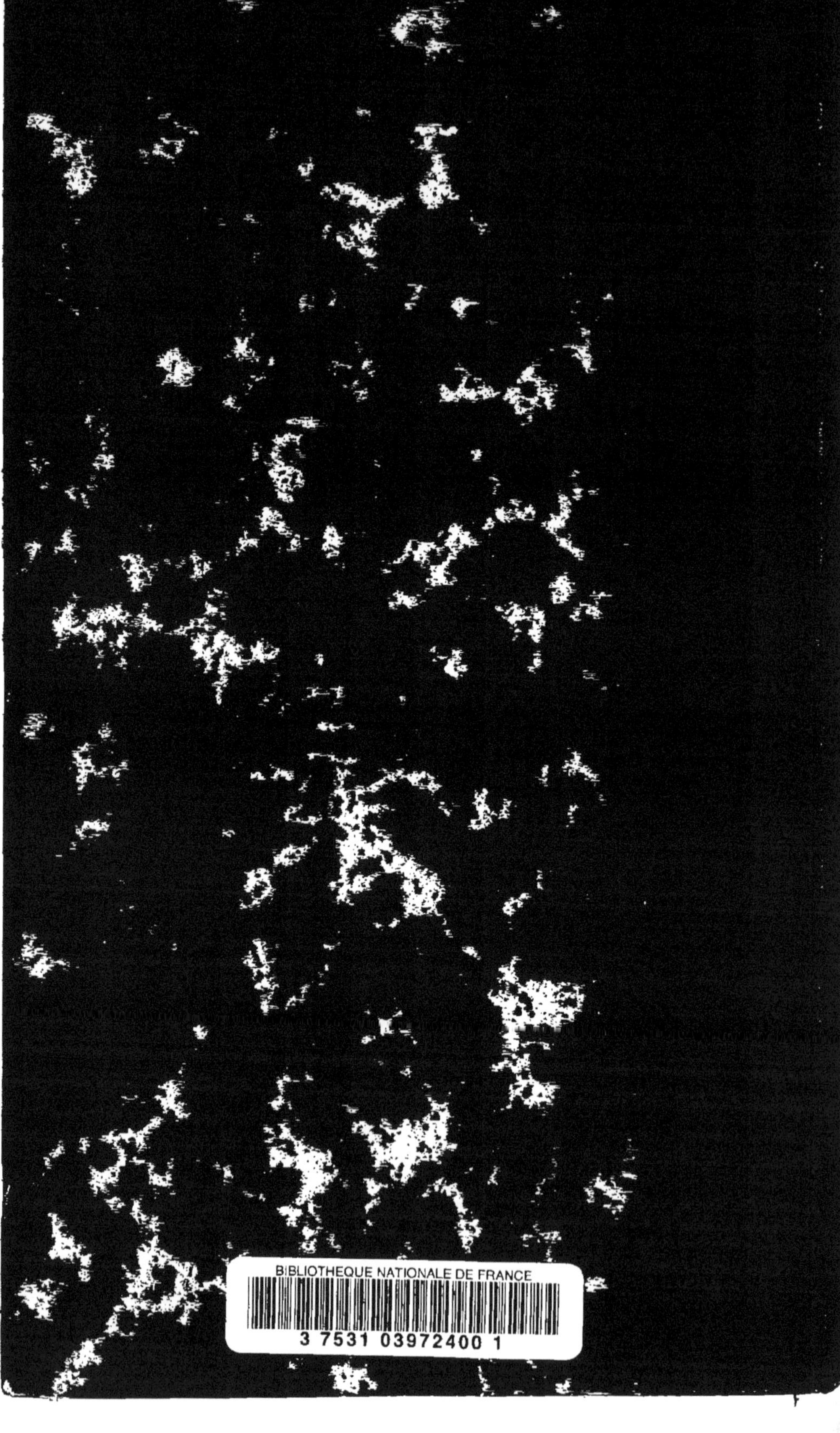

www.ingramcontent.com/pod-product-compliance
Ingram Content Group UK Ltd.
Pitfield, Milton Keynes, MK11 3LW, UK
UKHW022116190726
13855UKWH00003B/895